- En cadeau -

LA VERSION AUDIO DU LIVRE

COMMENT ÇA MARCHE ?

1

Téléchargez l'app
Quelle Histoire

2

Déverrouillez
votre livre

3

Écoutez
votre histoire

Disponible sur App Store | DISPONIBLE SUR Google Play

Application compatible toutes tablettes et smartphones
à partir de iOS 8 et Android 4.4.

- Collection -
THÉMATIQUES

Découvrez notre collection sur

www.quellehistoire.com

- Collection -
PERSONNAGES

Découvrez notre collection sur

www.quellehistoire.com

Quelle Histoire

Édition et conception : Unique Heritage Editions SAS. 141, boulevard Ney 75018 Paris
Illustrations : Bruno Wennagel, Mathieu Ferret
Textes : Patricia Crété
Édition : Leslie-Fleur Picardat
Direction artistique : Kagna Toung
Maquette : Marie Colas

Siège social : 141, boulevard Ney 75018 Paris

www.quellehistoire.com

Fabriqué par Labelfab / Imprimé en France par Stin Imprimerie - Toulouse

Dépôt légal octobre 2015

Loi n°49-956 du 16 juillet 1949 sur les publications destinées à la jeunesse

PEFC 10-31-2841

Alexandre le Grand

La jeunesse

Alexandre naît le 21 juillet 356 av. J.-C., à Pella, capitale de la Macédoine. Son père Philippe II en est le roi. Le petit garçon a une volonté de fer. À 8 ou 9 ans, il réussit à dompter un cheval très fougueux, en le plaçant face au soleil pour l'éblouir. Il le baptise Bucéphale. L'enfant reçoit, avec son camarade Héphaistion, l'enseignement des plus grands professeurs grecs de son temps, comme le grand philosophe Aristote.

356 - 339
av. J.-C.

Les premières années de pouvoir

Dès l'âge de 17 ans, Alexandre apprend son futur métier de roi et de chef de guerre. À la mort de son père, assassiné, c'est tout naturellement qu'il lui succède et continue sa politique de conquête, il a 20 ans. Toutes les grandes cités grecques, comme Athènes ou Thèbes (qu'il fait entièrement raser), doivent accepter son autorité. Au printemps 334 av. J.-C., il quitte définitivement l'Europe pour conquérir l'Asie.

339 - 334
av. J.-C.

Les débuts de la guerre contre la Perse

Pour combattre Darius III, le roi des Perses, Alexandre révolutionne l'art de la guerre, mettant au point la fameuse phalange macédonienne : les fantassins (ou hoplites), armés de longues et lourdes piques (5,5 mètres de long et 5 kilos), avancent en rangs serrés, protégés de chaque côté par des cavaliers. Une technique qui lui permet de remporter une première grande victoire contre les Perses, à Granique, malgré un nombre inférieur de soldats.

334
av. J.-C.

Cap vers la Judée

Offensives, contre-offensives... Perses et Macédoniens s'affrontent pendant des mois, dans les terres et sur mer. Alexandre se dirige vers le sud, occupe la Judée mais se heurte aux habitants de Tyr. Le siège va durer des mois, de janvier à août 332 av. J.-C. La résistance des assiégés est héroïque mais les troupes d'Alexandre s'emparent finalement de la ville, qu'ils détruisent totalement.

334 - 332
av. J.-C.

Alexandre devient pharaon d'Égypte

Alexandre gagne l'Égypte, ses pyramides, ses temples, et son fleuve, le Nil, qui traverse les déserts arides. Il est accueilli en héros car les Égyptiens sont bien contents de se débarrasser des Perses qui les attaquent tout le temps. Le Macédonien se fait proclamer pharaon, en respectant toutes les traditions. Il décide de faire construire une magnifique cité qui portera son nom : elle s'appellera Alexandrie et sera connue pour son phare, l'une des Sept Merveilles du monde antique, et sa grande bibliothèque.

332 - 331
av. J.-C.

L'entrée à Babylone

Pendant qu'Alexandre se fait couronner pharaon en Égypte, ses officiers continuent à combattre les armées perses. Alexandre les rejoint pour une bataille décisive qui se déroule dans la plaine de Gaugamèles (au nord de l'Irak actuel). Darius, une nouvelle fois, est vaincu et s'enfuit. Il meurt assassiné l'année suivante. Alexandre, lui, se fait couronner roi d'Asie, puis entre en vainqueur à Babylone, triomphant et fier de ses multiples victoires.

331
av. J.-C.

Persépolis

Nouvel objectif : Persépolis, l'une des capitales mythiques du royaume de Perse, avec ses palais grandioses, ses jardins magnifiques, ses terrasses décorées. Elle se situe au pied d'une haute montagne, dans l'Iran actuel. Alexandre, bien entendu, veut s'en emparer. Surprise ! La cité se rend sans combattre. Mais les soldats macédoniens se livrent à un pillage systématique et le roi lui-même incendie les bâtiments. Toutes les splendeurs partent en fumée.

330
av. J.-C.

L'Inde

Alexandre se dirige toujours plus loin, vers l'Inde et ses terres sauvages et inconnues. Ses hommes, qui ont le mal du pays, se révoltent parfois contre leur chef. Mais le Macédonien avance encore, s'empare de Samarcande, atteint les contreforts enneigés de l'Himalaya, affronte Pôros, le rajah indien, et ses centaines d'éléphants de guerre, à la bataille de l'Hydaspe, qu'il remporte. C'en est fini maintenant des conquêtes. Il est temps de penser au retour.

326
av. J.-C.

Les noces de Suse

Le Macédonien et ses hommes reviennent à Suse, l'une des villes qu'il a conquises trois ans auparavant. Il y organise des noces grandioses : plusieurs milliers de ses soldats vont épouser des jeunes filles perses. Et lui se marie avec l'une des filles de Darius III. La fête est très réussie mais l'intégration des peuples voulue par Alexandre ne se fait pas ; les Grecs rentrent finalement chez eux.

324
av. J.-C.

Les derniers mois à Babylone

Alexandre fait de Babylone sa capitale. Il y reçoit des ambassadeurs, organise de grands banquets où il mange et boit beaucoup, beaucoup trop... jusqu'au 11 juin 323 av. J.-C., date de sa mort. Son corps est embaumé et placé dans un cercueil en or, avant d'être transporté vers la Macédoine. Mais le convoi est attaqué et la dépouille transférée en Égypte, dans un lieu que l'on n'a toujours pas retrouvé. Le mystère reste entier.

323
av. J.-C.

360 av. J.-C.

356 av. J.-C.
Naissance d'Alexandre, à Pella

336 av. J.-C.
Assassinat de Philippe II. Alexandre lui succède

335 av. J.-C.
Thèbes est complètement rasée

334 av. J.-C.
Bataille de Granique : 1re victoire d'Alexandre

333 av. J.-C.
Bataille d'Issos : 2e grande victoire d'Alexandre

332 av. J.-C.
Siège de Tyr, puis chute de la ville

331 av. J.-C.
Alexandre proclamé pharaon d'Égypte

331 av. J.-C.
Bataille de Gaugamèles : 3e victoire sur Darius III

331 av. J.-C.
Entrée triomphal d'Alexandre dan Babylone

330 av. J.-C.
Alexandre entre dans Persépolis

330 av. J.-C.
Assassinat de Darius III, roi des Perses

329 av. J.-C.
Conquête de Samarcande

326 av. J.-C.
Bataille et victoire d'Alexandre à Hydaspe, en Inde

324 av. J.-C.
Noces de Suse

324 av. J.-C.
Mort d'Héphaistion, le fidèle ami d'Alexandre

323 av. J.-C.
Mort d'Alexandre à Babylone

315 av. J.-C.

?

Dans ce livre sont représentées des dates suivies du petit texte « av. J-C. », cela signifie que les dates où se déroulent les événements sont « avant Jésus-Christ », c'est-à-dire avant la naissance de Jésus-Christ qui représente l'année 1 du calendrier tel que nous le connaissons aujourd'hui. Ce calendrier s'appelle le calendrier grégorien.

L'empire d'Alexandre

Légende de LA CARTE

1 Alexandrie (Égypte)

Fondée en 331 av. J.-C. par Alexandre, la ville devient un grand centre culturel, avec sa bibliothèque et un port actif. Son phare, l'une des Sept Merveilles du monde, sera détruit par un tremblement de terre.

2 Babylone (Irak)

Cette ville antique de Mésopotamie édifiée au bord du fleuve Euphrate, conquise par Alexandre, est connue pour ses jardins, l'une des Sept Merveilles du monde.

3 Persépolis (Iran)

La capitale perse, détruite par Alexandre, a toujours fait rêver les voyageurs occidentaux. De nombreuses fouilles ont mis au jour des monuments fabuleux, comme le palais des Cent-Colonnes.

4 Suse (Iran)

C'est l'une des cités les plus anciennes au monde puisqu'elle fut fondée vers 4000 av. J.-C. Le roi de Perse Darius Ier y installe sa résidence royale et Alexandre l'habite.

5 Samarcande (Ouzbékistan)

Classée carrefour de cultures et patrimoine mondial de l'Unesco en 2001, la cité conquise par Alexandre sera une grande capitale, carrefour culturel et commercial sur la route de la soie.

6 Tyr (Liban)

Classée patrimoine mondial de l'Unesco, la ville résiste pendant sept mois au siège des armées d'Alexandre avant de se rendre. Les chrétiens et les musulmans vont continuellement se la disputer.

L'empire d'Alexandre

Les portraits

Philippe II

(382-336 av. J.-C.)

Le père d'Alexandre est le roi de Macédoine. Il va réussir à rallier toutes les cités-États de la Grèce pour pouvoir lutter plus efficacement contre la Perse. Son fils prendra la relève.

Aristote

(384-322 av. J.-C.)

Philosophe et savant, ce petit homme pas très beau, mais plein d'humour, va influencer toute la pensée occidentale. Il devient le précepteur d'Alexandre, c'est-à-dire son professeur particulier.

Darius III

(380-330 av. J.-C.)
Le dernier roi de Perse reprend le nom du grand Darius Ier, « roi des rois », mais sans en avoir la grandeur. Il est vaincu par Alexandre et meurt assassiné.

Héphaistion

(356-324 av. J.-C.)
Copain d'enfance d'Alexandre, officier, puis général, il est de toutes les batailles. À la mort de « son ami le plus cher », Alexandre sera très malheureux.

Le Jeu du
CHERCHE & TROUVE

Cherche et trouve les éléments suivants dans le décor de droite :

Alexandre

Aristote

Héphaistion

Singe 1

Singe 2

Singe 3

Le serpent

Le chat

Le canard

Perroquet blanc

Perroquet bleu

Perroquet rouge

Le jardinier

Le sculpteur

Le grimpeur

Le bouquet
de fleur

La danseuse

Le pêcheur

Le vendeur
de colliers

Le musicien

Le Jeu des

7 ERREURS

Trouve les 7 différences entre l'image de gauche et l'image de droite.

Solution : la hache ; les oreilles du cheval ; le casque du soldat ; l'épée du soldat ; le feu ; la botte ; la cape.

Le Jeu du

LABYRINTHE

Aide Alexandre à retrouver son épée.

Solution : le bon chemin est le numéro 4.

Le Jeu des

OMBRES

Retrouve la bonne ombre d'Alexandre.

Bonne réponse : l'ombre a.

Le Jeu du

QUIZ

1. Comment se nomme le cheval dompté par Alexandre ?

a. Bucéphale
b. Plutarque
c. Samarra
d. Diogène

2. Quelle est la capitale de la Macédoine ?

a. Tyr
b. Pella
c. Babylone
d. Samarcande

3. Qui était Aristote ?

a. Un général perse
b. Son camarade de classe
c. Le roi de Macédoine
d. Un philosophe

Bonnes réponses : 1.a / 2.b / 3.d.

- Collection -
BEAUX-LIVRES

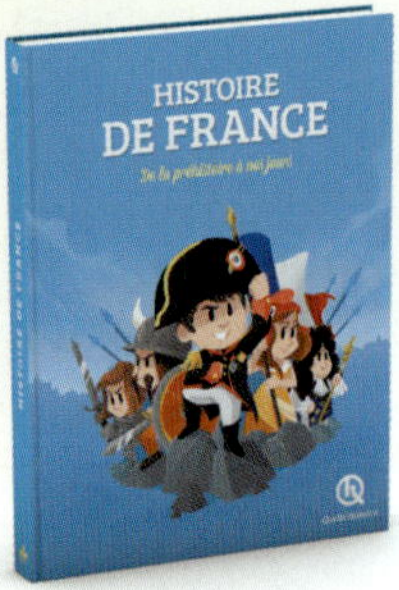

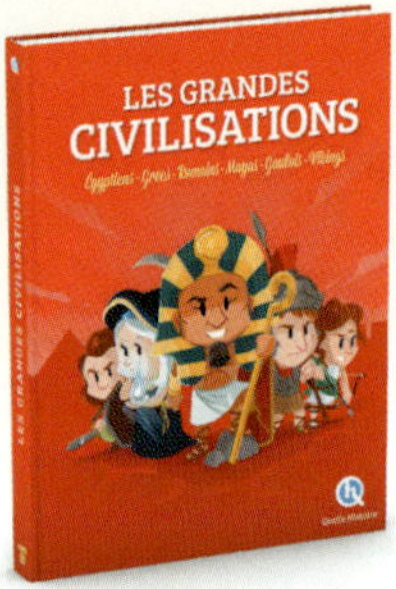

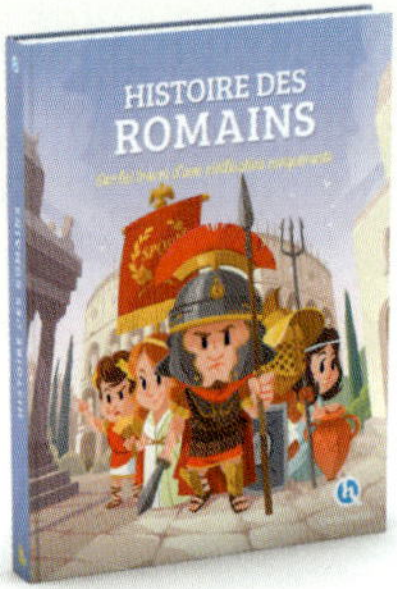

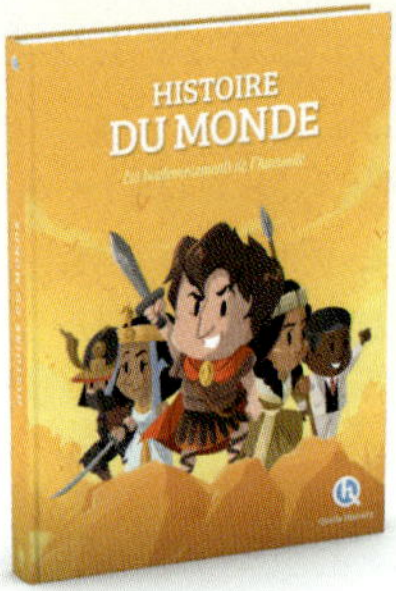

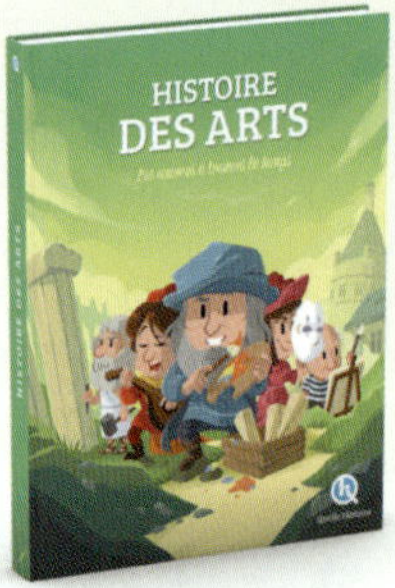

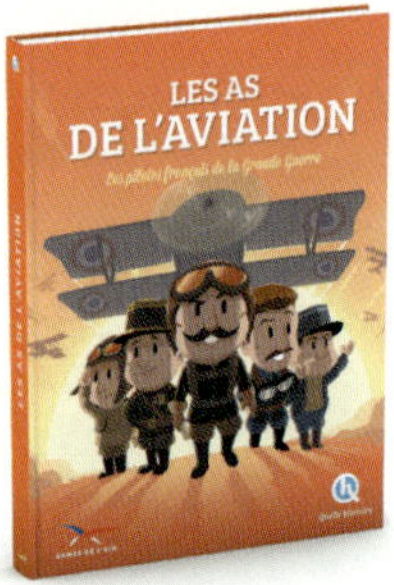

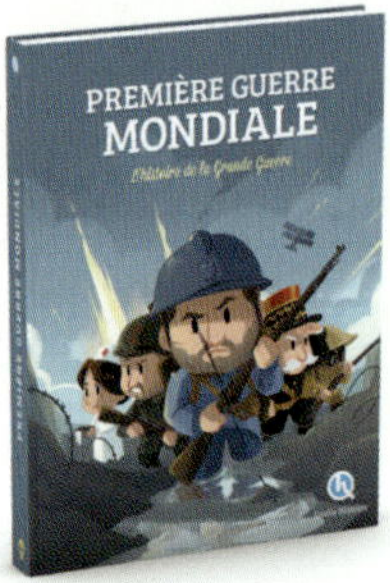

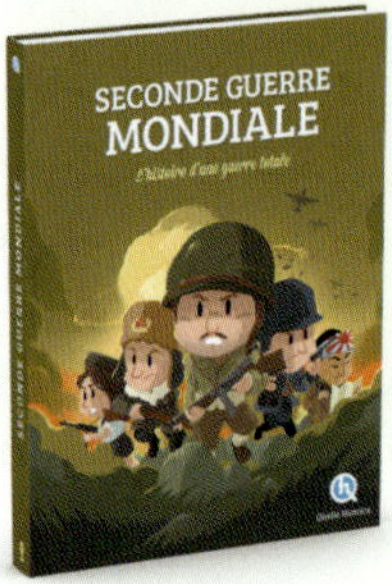

- Collection -
ENCYCLOPÉDIES

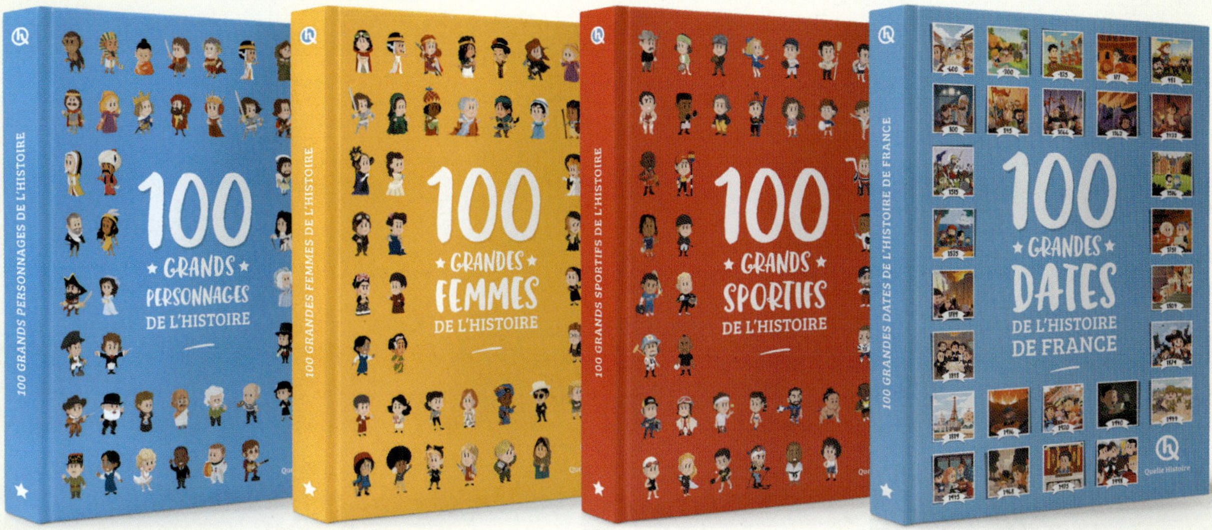

Chers parents, vous aimez Quelle Histoire ? Rejoignez-nous sur les réseaux sociaux !